毎日の ひとりごはん

佐々木のぞ美

成美堂出版

はじめに

まず、たくさんある本のなかからこの本を手に取っていただき、
ありがとうございます！
仕事や勉強、毎日おつかれさまです。

毎日ヘトヘトで帰ってきて、自分のごはんを作る……。
「あ〜、めんどくさいなぁ」と思う方、結構多いと思うんです。
私もそのひとり。
外食をしたり、コンビニのごはんで済ませたりすることも
できるけど、毎日は飽きてしまう。
栄養面も気になるし、節約だってしたい。
何より、家でゆっくり、まったりしながら好きなものを食べたい！
そんな方は、ぜひ本書をお役立てください。

この本では、頑張りすぎず、ひとり分でもパパッとできる
簡単レシピを紹介しています。

使う食材や調味料は、手軽にスーパーなどで購入できるものばかり。
カット野菜や冷凍野菜、缶詰など、頼れるものには頼り、
手を抜くところは抜く。決して無理はしない！
普段あまり料理をされない方やズボラさんでも
チャレンジしやすい料理ばかりです。

それでも、「ごはんなんて作れない！」という限界のときは、
市販のごはんに頼りましょう。
無理せず、できるときにだけ
ゆる〜く自炊を続けていただけたらと思います。

派手で見栄えのする料理ではないですが、
忙しい1日を乗り切る役に立つことを願っています。
そして、明日も頑張ろうと思っていただけたらうれしいです。

佐々木のぞ美

ひとりごはん

Rule 1 材料はできるだけ少なく

食材の数が多いと、その分、下ごしらえの手間も増えて大変。調味料も数を絞ったほうが出し入れの手間が減り、味つけも失敗しません。

Rule 2 食材&調味料は手に入りやすいものを

入手困難な材料は、モチベーション低下の原因に。本書で使う材料は身近なものだけ。スーパーで手に入る食材と、おうちにある調味料で作れます。

の ルール
Rule

Rule 3 時短食材を大活用！

加熱＆調味不要で使える缶詰、下ごしらえせずにそのまま使えるカット野菜や冷凍野菜など、時短につながる市販品は積極的に活用すると◎。

Rule 4 調理器具にもどんどん頼る

電子レンジやトースター、炊飯器は、スイッチひとつでほったらかし加熱ができてラク。電子レンジは、下ゆでならぬ"下レンチン"もできて便利です。

- 002 はじめに
- 004 ひとりごはんのルール
- 009 この本のルール

PART 1

 で
簡単メインおかず

☑ 肉のおかず

- 012 豚のマヨジンジャー炒め
- 014 麻婆なす
- 016 牛肉とトマト、レタスのオイスター炒め
- 017 かぼちゃのからしそぼろ煮
- 018 洋風肉豆腐
- 020 フライドポテトのポークケチャップ
- 021 鶏と野菜のさっぱり炒め
- 022 せん切りキャベツの蒸ししゃぶ
- 023 COLUMN 01
  肉は、お得においしく楽しむ

☑ 魚のおかず

- 024 塩さばのアクアパッツァ風
- 026 たことちくわのお好み風炒め
- 027 まぐろのポキ風サラダ
- 028 さけとほうれん草のチーズ焼き
- 030 たらチリ
- 031 えびとブロッコリーの塩にんにく炒め
- 032 COLUMN 02
  魚は、手軽においしく楽しむ

☑ 卵のおかず

- 034 フライドポテトのオムレツ
- 036 レンチンとんぺい焼き
- 037 ふわ玉キャベツ
- 038 ほうれん草とゆで卵のグラタン
- 040 ブロッコリーと卵のツナサラダ
- 041 COLUMN 03
  卵をもっと楽しむ 味玉バリエ

CONTENTS

PART 2
パパッと作れる のっけ丼

☑ **王道丼**
- 044 レンチン牛丼
- 046 鶏そぼろの三色丼
- 048 お手軽親子丼
- 049 ビビンバ丼
- 050 中華丼
- 051 海鮮丼

☑ **さっぱり丼**
- 052 しらすおろし丼
- 054 いか梅納豆丼
- 055 奴丼
- 056 トロたくユッケ丼
- 058 タコライス風サラダ丼

☑ **がっつり丼**
- 060 焼肉丼
- 062 豚キム丼
- 064 さけのみそバタ丼
- 065 よだれ鶏風丼

☑ **ボリューム丼**
- 066 ガーリックステーキ丼
- 068 チキン南蛮丼
- 070 豚の高菜炒め丼
- 072 COLUMN 04
  万能！たれバリエ

余り野菜のレスキュー法 ❶
まずは、スープや小鍋にしましょう

- 076 **スープ&小鍋のいいところ**
- 077 **スープ&小鍋のルール**
- 078 豆乳みそスープ
  さっぱり梅スープ
  納豆キムチスープ
- 080 ジンジャーコンソメスープ
  トマトクリームスープ
  黒ごまみそ汁
- 082 ちゃんこ鍋
- 083 洋風トマト鍋
- 084 みそバター鍋
- 085 ほうじ茶しゃぶしゃぶ鍋

飽きずに 楽しめる お手軽 和え麺

☑ パスタ

- 088 スモークサーモンと
アボカドの冷製パスタ
- 090 キャベツと桜えびの
ゆずこしょうパスタ
- 092 卵かけパスタ
- 093 梅たらこパスタ
- 094 ツナ缶の
トマトクリームパスタ
- 096 ほうれん草とソーセージの
クリームパスタ
- 097 ブロッコリーの
ガリバタパスタ

☑ うどん

- 098 焼きうどん風和え麺
- 100 たたききゅうりの
ジャージャー麺
- 102 さばの冷汁風うどん
- 103 オクラ納豆うどん
- 104 ラタトゥイユ風うどん

☑ 中華麺

- 106 ラー油そば
- 108 チンジャオロース麺
- 109 にらそば
- 110 かにたま麺
- 112 ハムと白菜の中華麺
- 113 ザーサイそぼろの混ぜ麺

余り野菜のレスキュー法 ❷
ホイル焼きにするのもおすすめ！

- 116 **ホイル焼きのいいところ**
- 117 **ホイル焼きのルール**
- 118 ゆずみそ味
- 119 ピリ辛ケチャップみそ味
- 120 マスタードしょうゆ味
- 121 レモンバターしょうゆ味

PART 4

スイッチひとつ でラク！
炊き込みごはん

☑ 具だくさんの 味わい炊き込みごはん

- 124 さばと大根の 炊き込みごはん
- 126 烏龍茶の 五目炊き込みごはん
- 127 鶏とじゃがいもの 炊き込みごはん
- 128 ちゃんぽん風 炊き込みごはん
- 129 豚ときのこの ポン酢炊き込みごはん

☑ 少ない具材で シンプル炊き込みごはん

- 130 ミニトマトの 炊き込みごはん
- 132 玉ねぎと桜えびの 炊き込みごはん
- 134 くずしさつまいもと 塩昆布の炊き込みごはん
- 136 たこのガーリックライス
- 137 あさりと長ねぎの 炊き込みごはん

気分が上がる！ごちそうみたいな 具だくさんおにぎり

- 140 かぼちゃベーコンおにぎり ピーマンじゃこおにぎり
- 141 さけとクリームチーズのおにぎり ミートボールと ブロッコリーのおにぎり
- 142 いわきゅうおにぎり しば漬けツナマヨおにぎり
- 143 梅なめたけバター焼きおにぎり たらこチーズの焼きおにぎり

この本のルール

- 特記のない場合、分量はすべてひとり分です。
- 計量単位は大さじ1=15㎖、小さじ1=5㎖です。
- 分量に適量とあるものは、好みで量を加減してください。
- 調味料について、特記のないものは、しょうゆは濃口しょうゆ、みりんは本みりん、塩は食塩、砂糖は上白糖、みそは米みそ、バターは有塩、めんつゆは2倍濃縮のもの、コンソメ・鶏がらスープの素・和風だしは顆粒、おろししょうが・おろしにんにくはチューブを使用しています。
- 市販品はメーカーによって味や加熱時間が異なる場合があるので、様子を見ながら使用してください。
- 特記のない場合、冷凍食品は凍ったまま使用してください。
- 電子レンジは600Wを使用しています。電子レンジで加熱する際、ラップは蒸気の逃げ道を作るようにふんわりとかけてください。
- 電子レンジやトースターの加熱時間はメーカーや機種によって違いがあります。様子を見ながら加熱してください。また、加熱する際は、付属の説明書に従って、高温に耐えられるガラスの器やボウルなどを使用してください。
- 作り方について、特記のないものは、野菜を洗う、皮をむく、へたを除くなど、基本的な下処理を済ませた状態からの手順を紹介しています。
- 一部、付け合わせについてはレシピに記載していません。

PART 1

カット野菜 冷凍野菜 で

簡単メインおかず

野菜の皮をむく、切る、下ゆでするなどの下ごしらえが
おっくうなために、料理をしたくないという人も多いでしょう。
市販のカット野菜や冷凍野菜を使えば、そんな悩みは解決！
スーパーやコンビニで手に入るのもうれしいところ。
栄養もとれて、冷凍野菜は長期保存ができるのも魅力です。

今回使用しているものを一部紹介 ➡

せん切りキャベツ

サラダやメインの添え物、加熱料理にも◎。面倒なせん切りの手間いらず。

カットレタス

レタスを食べやすい大きさにカットしたもの。サラダやスープにしても。

野菜炒めミックス

炒め物に便利なカット野菜のミックス。炒め物以外にも使い道いろいろ。

冷凍ほうれん草

ほうれん草はアク抜きが必要ですが、冷凍なら下ゆでいらずでラクちん。

冷凍刻みオクラ

ゆでる、刻むの下ごしらえ不要。そのままパラリと料理に加えて。

冷凍いんげん

筋を取ってゆでて……の工程いらず。歯ごたえもしっかり残っています。

冷凍かぼちゃ

生だと切るのが大変なかぼちゃ。冷凍なら切る手間も加熱時間もカット！

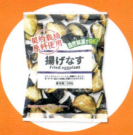

冷凍揚げなす

切って素揚げしたなすを冷凍したもので、手軽にジュワッと感をプラス。

冷凍フライドポテト

そのまま食べるだけでなく、じゃがいものかわりに料理に使えて便利です。

肉のおかず

野菜もしっかりとれる、ごはんがすすむ
肉レシピを紹介。どれも簡単にできるものばかり！

包丁&まな板を使わず作れる

豚のマヨジンジャー炒め

調理時間 **4分**

材料

豚こま切れ肉 … 100g
野菜炒めミックス … 150g
マヨネーズ … 大さじ1
A｜マヨネーズ … 大さじ1
　｜しょうゆ … 大さじ1/2
　｜おろししょうが
　｜　… 小さじ1

作り方

1. フライパンを中火で熱してマヨネーズを入れ、溶けてきたら豚肉を加えて火が通るまで炒める。

2. 野菜炒めミックスを加えてさらに炒め、野菜がしんなりしてきたらAを加えて炒め合わせる。

野菜炒めミックスを使って

PART 1 簡単メインおかず
肉のおかず

マヨネーズを炒め油として、
調味料として……ダブル使いでコク出し!

白米によく合うこってり味
麻婆なす

調理時間 **7分**

材料

豚ひき肉 … 80g
冷凍揚げなす … 100g
冷凍いんげん … 50g
豆板醤 … 適量
A｜みそ、片栗粉
　　　… 各大さじ1/2
　　おろししょうが
　　　… 小さじ1/2
　　水 … 80ml
ごま油 … 大さじ1

作り方

1. フライパンを中火で熱してごま油をひき、ひき肉と豆板醤を炒める。Aはよく混ぜ合わせておく。
2. ひき肉に火が通ったら、なす、いんげん、再び混ぜたAを加える。ふたをし、時々混ぜながらなすがやわらかくなってとろみがつくまで3～4分加熱する。

冷凍揚げなす・冷凍いんげんを使って

いんげんは切らずに使って迫力を！

辛味は豆板醤の量で加減して

PART 1　簡単メインおかず
肉のおかず

牛肉とトマトのうまみを
オイスターソースがまとめる

彩りのいい中華風おかず
牛肉とトマト、レタスのオイスター炒め

カットレタスを使って

調理時間 3分

材料

牛切り落とし肉 … 80g
トマト … 小1個（80g）
カットレタス … 50g
A ┃ オイスターソース、
　┃ 　酒 … 各大さじ1
ごま油 … 大さじ1

作り方

1　トマトはくし形切りにする。Aは混ぜ合わせておく。

2　フライパンを中火で熱してごま油をひき、牛肉を火が通るまで炒める。1、レタスを加えてさっと炒め合わせる。

PART 1 簡単メインおかず
肉のおかず

からしがアクセントに
かぼちゃのからしそぼろ煮

調理時間 5分

材料

鶏ひき肉 … 80g
冷凍かぼちゃ … 150g
A | 麺つゆ…大さじ1と1/2
　| 水…大さじ1
練りからし…小さじ1/2
ごま油…大さじ1

作り方

1　フライパンを中火で熱してごま油をひき、ひき肉を炒める。肉の色が変わってきたら、かぼちゃを加えてさっと炒め合わせる。

2　Aを加えてふたをし、かぼちゃに火が通るまで弱火で3分ほど加熱する。からしを加えてさっと炒め合わせる。

冷凍かぼちゃを使って

鶏そぼろの塩気がかぼちゃの甘みを引き立てる

PART 1 簡単メインおかず
肉のおかず

冷凍ほうれん草を使って

フライパンで作れる
洋風肉豆腐

調理時間 **5分**

材料

牛切り落とし肉 … 80g
木綿豆腐 … 1/2丁（150g）
冷凍ほうれん草 … 50g
A｜ケチャップ … 大さじ2
　｜中濃ソース … 大さじ1
　｜水 … 50㎖
サラダ油 … 大さじ1/2

作り方

1　フライパンを中火で熱してサラダ油をひき、牛肉を火が通るまで炒める。

2　A、食べやすく切った豆腐、ほうれん草を加え、時々豆腐に汁をかけながら3分ほど煮る。

ポテトがほくほく！
玉ねぎは歯ごたえを残して

お酒のお供にもなる
フライドポテトの ポークケチャップ

調理時間 5分

冷凍フライドポテトを使って

材料

豚こま切れ肉 … 80g
冷凍フライドポテト … 100g
玉ねぎ … 30g
A｜ケチャップ … 大さじ2
　｜酒 … 大さじ1
　｜おろしにんにく
　｜　… 小さじ1/2
オリーブオイル … 大さじ1
粗びき黒こしょう … 適量

作り方

1　玉ねぎは薄切りにする。

2　フライパンを中火で熱してオリーブオイルをひき、豚肉を火が通るまで炒める。フライドポテト、1を加えてさらに炒める。

3　フライドポテトに火が通ったらAを加えて炒め合わせる。器に盛り、黒こしょうをふる。

PART 1 簡単メインおかず
肉のおかず

ごま油が香ばしい
鶏と野菜のさっぱり炒め

調理時間 3分

材料

鶏もも肉 … 150g
冷凍揚げなす … 100g
冷凍刻みオクラ … 30g
A | ポン酢しょうゆ … 大さじ1
　 | おろししょうが … 少々
ごま油 … 大さじ1/2

作り方

1　鶏肉は小さめのひと口大に切る。

2　フライパンを中火で熱してごま油をひき、1を火が通るまで炒める。

3　なす、オクラを加えてさっと炒め、なすに火が通ったらAを加えて炒め合わせる。

冷凍揚げなす・冷凍刻みオクラを使って

鶏肉はカット済みのものを使えば包丁いらずで作れます

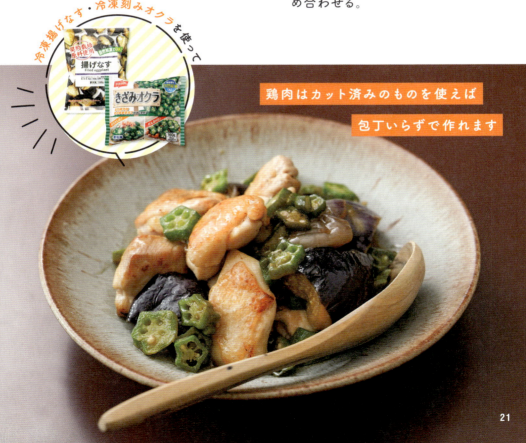

豚肉のうまみを吸ったキャベツが美味！

ポン酢ごまだれでどうぞ

せん切りキャベツの蒸ししゃぶ

調理時間 5分

せん切りキャベツを使って

材料

豚しゃぶしゃぶ用肉 … 100g
せん切りキャベツ … 100g
酒 … 大さじ1
A ｜ ポン酢しょうゆ、
　　 ごまだれ（市販）
　　 … 各大さじ1

作り方

1　フライパンにキャベツを広げ入れ、豚肉を1枚ずつ広げてのせる。

2　酒を回しかけてふたをし、豚肉に火が通るまで中火で3分ほど加熱する。混ぜ合わせたAをかける。

COLUMN 01

ひとりごはんではコスパが大事！

肉は、お得においしく楽しむ

おうちで、お金をかけずにおいしく肉メニューを楽しむコツとは？

☑ 買うときは大容量パックを

ひとり分用だからといって少量パックを買っていませんか？ 大容量パックのほうがコスパは断然◎。買うときはドリップが少ないものを選んで。

☑ すぐ使わない分は冷凍保存を

多めの肉も、小分けにして保存すれば長持ちします。買い物後、使う分は早めに冷蔵保存し、使わない分は以下の方法ですぐに冷凍保存しましょう。

こま切れ肉やひき肉

こま切れ肉やひき肉は、小分けにしてラップでぴっちり包んで冷凍を。なるべく薄く平らにすることで、解凍も上手にできます。

\ 薄く平らにして /

一枚肉

鶏もも肉や鶏むね肉などの一枚肉は、そのままラップでぴっちり包んで冷凍を。ドリップが出ている場合はしっかり拭き取ってから包んで。

\ 下味冷凍もおすすめ /

使うときは……

解凍方法はいくつかありますが、肉には電子レンジ解凍が早くておすすめ。自然解凍するなら冷蔵室で。流水解凍はうまみが流れ出てしまうため、肉には不向き。

鶏もも肉のガーリックオイル漬け

鶏もも肉1枚（250〜300g）は厚い部分があればフォークで数カ所刺す。オリーブオイル大さじ1、おろしにんにく小さじ1とともに保存袋に入れてもみ込み、空気を抜いて袋を閉じる。平らにして冷凍室へ入れる。

下味をつけてから冷凍すれば、解凍後そのまま焼くだけでいいからラクちんです。

魚のおかず

切り身や刺身を使って作れる、手軽な魚介レシピを紹介。
和風や洋風、中華風など味わいもいろいろ！

焼いてからさっと煮るだけ
塩さばのアクアパッツァ風

調理時間 5分

材料

塩さば … 1切れ（80g）
カットキャベツ … 100g
冷凍いんげん … 30g
ミニトマト … 3個
A｜酒 … 大さじ1
　｜コンソメ … 小さじ1/2
　｜水 … 100㎖
塩 … 適量
バター … 5g

作り方

1　フライパンを中火で熱してバターを入れ、溶けてきたらさばを加えて両面をこんがりと焼く。

2　A、キャベツ、いんげん、ミニトマトを加えてふたをし、野菜に火が通るまで加熱する。塩で味を調える。

ぷりぷりのたこに
キャベツをたっぷり合わせて

ごはんにもビールにも合う

たことちくわの
お好み風炒め

調理時間 3分

カットキャベツを使って

材料

たこ（ぶつ切り）… 80g
カットキャベツ … 100g
ちくわ … 1本
中濃ソース … 大さじ1
サラダ油 … 大さじ1
マヨネーズ、青のり
　… 各適量

作り方

1. ちくわは輪切りにする。
2. フライパンを中火で熱してサラダ油をひき、キャベツをしんなりするまで炒める。
3. たこ、1、中濃ソースを加えて炒め合わせる。器に盛り、マヨネーズをかけて青のりをふる。

PART 1 簡単メインおかず
魚のおかず

好みの刺身に変えてもOK
まぐろのポキ風サラダ

調理時間 2分

材料

まぐろ（刺身用・ぶつ切り）
　… 80g
アボカド … 1/4個
カットレタス … 50g
冷凍刻みオクラ … 30g
A ｜ 焼肉のたれ … 大さじ2
　｜ 酢 … 大さじ1
　｜ ごま油 … 大さじ1/2

作り方

1　アボカドは食べやすく切る。

2　耐熱容器にオクラを入れ、ラップをかけて電子レンジで30秒加熱する。

3　器にレタス、1、まぐろ、2を盛り、混ぜ合わせたAを回しかける。

カットレタス・冷凍刻みオクラを使って

刺身をのせた豪華サラダ。
ドレッシングであとひく味に

PART 1 簡単メインおかず

魚のおかず

パンやワインを合わせても
さけとほうれん草のチーズ焼き

調理時間 **4分**

冷凍ほうれん草を使って

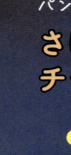

材料
- 生さけ … 1切れ（80g）
- 冷凍ほうれん草 … 100g
- しめじ … 30g
- 塩 … 適量
- A | ケチャップ、マヨネーズ … 各大さじ1
- ピザ用チーズ … 10g
- オリーブオイル … 大さじ1
- 粗びき黒こしょう … 適量

溶けたチーズとケチャマヨ味で
ごちそう感満載！

作り方
1. フライパンを中火で熱してオリーブオイルをひき、ほうれん草、しめじを広げ入れ、さけをのせて塩をふる。
2. 混ぜ合わせたAの半量、ピザ用チーズを順にかける。ふたをし、さけに火が通るまで中火で加熱する。
3. 器に盛り、残りのAをかけて黒こしょうをふる。

たらを使った"えびチリ"風。
たれをよく絡めて食べて

キャベツと一緒に食べて
たらチリ

調理時間 4分

せん切りキャベツを使って

材料

甘塩たら … 大1切れ（100g）
せん切りキャベツ … 30g
片栗粉 … 大さじ1/2
A｜ケチャップ … 大さじ1
　｜おろしにんにく、おろししょうが
　｜　… 各小さじ1/2
　｜豆板醤 … 少々
　｜水 … 50mℓ
サラダ油 … 大さじ1
白髪ねぎ … 適量

作り方

1. たらは食べやすく切り、片栗粉をふりかける。Aは混ぜ合わせておく。

2. フライパンを中火で熱してサラダ油をひき、たらを火が通って両面がこんがりするまで焼く。Aを加えて炒め合わせる。

3. 器にキャベツと2を盛り、白髪ねぎをのせる。

PART 1 簡単メインおかず
魚のおかず

いろんな食感の違いが楽しい
えびとブロッコリーの塩にんにく炒め

調理時間 4分

材料

冷凍むきえび … 100g
冷凍ブロッコリー … 100g
エリンギ … 50g
片栗粉 … 小さじ1
A │ 酒 … 大さじ1/2
　│ 鶏がらスープの素、
　│ おろしにんにく
　│ 　… 各小さじ1/2
サラダ油 … 大さじ1/2

作り方

1. エリンギは食べやすく切る。えびは流水解凍し、水気を拭いて片栗粉をふりかける。

2. フライパンを中火で熱してサラダ油をひき、えびを火が通るまで炒める。

3. ブロッコリー、エリンギを加えて火が通るまで炒め、Aを加えて炒め合わせる。

片栗粉をまぶすことで
味がよく絡んでジューシーに

冷凍むきえび・冷凍ブロッコリーを使って

COLUMN 02

肉だけでなく魚も食べたい！

魚は、手軽においしく楽しむ

ひとりごはんで魚を楽しむ秘訣は簡単さ。手軽に使うコツを紹介。

☑ やっぱり切り身がラク！

食べ切りサイズの切り身は、調理もしやすくひとりごはん向き。さけ、たら、さば、ぶりなどがよく出回っています。選ぶときはドリップの少ないものを。安く売られていたら多めに買って、肉と同様に冷凍保存しても。使うときは冷蔵室での自然解凍がおすすめです。

＼ 下味冷凍もおすすめ ／

魚の切り身のしょうが麺つゆ漬け

【調味料】　麺つゆ大さじ3
　　　　　　おろししょうが小さじ1

魚の切り身のみそ漬け

【調味料】　みそ大さじ1と1/2
　　　　　　酒・みりん各大さじ1

好みの魚の切り身2切れ（計約200g）の水気をペーパータオルで拭く。調味料とともに保存袋に入れてもみ込み、空気を抜いて袋を閉じる。平らにして冷凍室へ入れる。

解凍後、汁気を拭いてフライパンで焼くだけでOK。野菜と一緒にホイル焼きにするのもおすすめ。

切り身 Q&A

Q 「生さけ」と「塩さけ」の違いは？

A 生さけは、店頭に並ぶまで加工が施されていないもの。それに対し塩さけは、保存性を高めるために塩漬けにしたもの。塩さけは焼くだけで食べられて便利ですが、塩分が高いものもあるので注意して。

Q 使うときの注意点は？

A 切り身を水洗いするのは、うまみが流れ出てしまうためNG。表面についた汚れや水気が気になる場合は、ペーパータオルなどでやさしく拭き取るようにしましょう。

Q 臭みが気になるときは？

A 魚には特有の臭みがあります。塩をふってしばらくおいて出てきた水気を拭き取る、酒をふる、香りのある食材と合わせるなどすることで、やわらげることができます。

☑ 加工品も使いやすくて便利！

切り身のほか、缶詰や冷凍食品などの魚介の加工品もぜひ活用を。値段も手頃で、下ごしらえ不要。栄養もしっかりとれます。

さばのみそ煮缶で

P102 さばの冷汁風うどん

冷凍シーフードミックスで

P128 ちゃんぽん風炊き込みごはん

冷凍むきえびで
P31 えびとブロッコリーの塩にんにく炒め

缶詰
さば缶やツナ缶、さんま缶、いわし缶、さけ缶など種類豊富。みそ煮缶やかば焼き缶など、味つきのものなら調味の手間も省けます。

冷凍食品
冷凍むきえびや、えびやあさりがミックスされた冷凍シーフードミックスも便利。殻をむくなどの手間いらずで、そのまま使えます。

卵のおかず

焼いても、炒めても、ゆでてもおいしい卵。
そんな卵が主役のおかずレシピを集めました。

粉チーズでコクが加わる

フライドポテトのオムレツ

調理時間 4分

材料

溶き卵 … 2個分
冷凍フライドポテト … 100g
ウインナーソーセージ … 2本
A | 牛乳、粉チーズ … 各大さじ1
　| 塩、こしょう … 各少々
オリーブオイル … 大さじ1
ケチャップ、粒マスタード、
　粗びき黒こしょう … 各適量

作り方

1. フライパンを中火で熱してオリーブオイルをひき、フライドポテトを火が通るまで焼く。

2. ソーセージを手でちぎって加え、さっと炒め合わせる。

3. 溶き卵とAをよく混ぜ、2に流し入れる。箸などで大きく混ぜ、卵に火が通ったら器に盛る。ケチャップをかけて黒こしょうをふり、粒マスタードを添える。

PART 1 簡単メインおかず

卵のおかず

冷凍フライドポテトを使って

朝ごはんにも、おやつにも、おつまみにもぴったり！

レンチン後、肉に火が通っていればＯＫ。
卵には余熱でも熱が通ります

火を使わずスムーズに作れる
レンチンとんぺい焼き

調理時間 **5分**

せん切りキャベツを使って

材料

溶き卵 … 2個分
豚バラ薄切り肉 … 50g
せん切りキャベツ … 50g
もやし … 50g
塩、こしょう … 各少々
中濃ソース、マヨネーズ、
　刻み青ねぎ、紅しょうが
　… 各適量

作り方

1　豚肉は食べやすく切る。

2　直径約20cmの耐熱皿にラップを敷き、溶き卵を流し入れ、キャベツ、もやし、1を順にのせる。塩、こしょうをふって別のラップをかけ、電子レンジで3分加熱する。

3　上のラップを外す。下のラップごと折りたたむ。ラップを外して器に盛り、中濃ソースをかけ、青ねぎと紅しょうがをのせ、マヨネーズをかける。

PART 1 簡単メインおかず
卵のおかず

鶏がらベースの中華味に
ふわ玉キャベツ

調理時間 3分

材料

溶き卵 … 2個分
豚切り落とし肉 … 50g
野菜炒めミックス … 100g
A ｜ 酒 … 大さじ1
　｜ 鶏がらスープの素 … 小さじ1/2
　｜ おろしにんにく … 少々
サラダ油 … 大さじ1

作り方

1. フライパンを中火で熱してサラダ油大さじ1/2をひき、溶き卵を流し入れる。箸などで大きく混ぜ、半熟状になったら取り出す。

2. フライパンをさっと拭いてサラダ油大さじ1/2を足し、豚肉を火が通るまで炒める。

3. 野菜炒めミックスを加えてしんなりするまで炒め、1、Aを加えて炒め合わせる。

野菜炒めミックスを使って

卵は気持ち早めに取り出して
ふんわり感をキープ！

クリーミーな口当たり。
できたての熱々を食卓へ

PART 1 簡単メインおかず

卵のおかず

冷凍ほうれん草を使って

ホワイトソースは市販でOK

ほうれん草と
ゆで卵のグラタン

調理時間 6分

材料

ゆで卵 … 2個
冷凍ほうれん草 … 100g
しょうゆ … 小さじ1/2
ホワイトソース … 80g
ピザ用チーズ … 20g

作り方

1. ほうれん草としょうゆを混ぜる。
2. 耐熱容器にゆで卵、1を入れ、ホワイトソース、ピザ用チーズを順にかける。トースターで5分ほど焼く。

39

食卓をにぎやかにするサラダ。
ツナ缶は汁気をきるのがポイント

ツナマヨでマイルドに！
ブロッコリーと卵のツナサラダ

調理時間 3分

冷凍ブロッコリーを使って

材料

ゆで卵 … 2個
冷凍ブロッコリー … 100g
ツナ缶（オイル漬け）… 50g
A ｜ マヨネーズ … 大さじ2
　｜ 練りからし … 小さじ1
粗びき黒こしょう … 適量

作り方

1. 耐熱容器にブロッコリーを入れ、ラップをかけて電子レンジで2分加熱する。

2. ボウルに水気をきった1、缶汁をきったツナ缶、A、食べやすく手で割ったゆで卵を入れて混ぜる。器に盛り、黒こしょうをふる。

COLUMN 03

トッピングに、おつまみに！
卵をもっと楽しむ 味玉バリエ

そのまま食べるのはもちろん、丼や麺類にのせれば豪華に！

基本の味玉の作り方

1. 保存袋に漬けだれの材料を入れ、もみ混ぜる。
2. 1にゆで卵3個を加え、空気を抜いて袋を閉じ、3時間以上漬ける。

＊冷蔵で約5日間保存可能

ピリ辛オイスター味
漬けだれの材料
- オイスターソース、水 … 各大さじ2
- 酢 … 大さじ1
- 豆板醤 … 小さじ1/2

カレーマヨ味
漬けだれの材料
- マヨネーズ … 大さじ2
- しょうゆ … 大さじ1/2
- カレー粉 … 小さじ1

ガーリック麺つゆ味
漬けだれの材料
- 長ねぎのみじん切り … 10cm分
- 麺つゆ、水 … 各50㎖
- ごま油 … 大さじ1
- おろしにんにく … 小さじ1

ケチャップソース味
漬けだれの材料
- ケチャップ … 大さじ2
- 中濃ソース … 大さじ1

卵 Q & A

Q 卵の賞味期限って？
A 卵の賞味期限は「安心して生食できる期限」。数日過ぎている程度であれば、しっかり加熱すれば食べられます。

Q ゆで卵の加熱時間の目安は？
A ゆで時間の目安は、超半熟だと6分、半熟だと8分、ややかためだと10分、かたゆでだと12分。好みで変えてみて。

Q ゆで卵の殻の上手なむき方は？
A ゆでるときに湯に酢を加える、ゆで上がりに表面にヒビを入れるなどすれば、殻をするりとむくことができます。

PART 2

パパッ と作れる

のっけ丼

手早く済ませたいときに作りたいのが、さっと作った
具をごはんの上にのっけるだけの、簡単丼もの。
そこで、王道の味、さっぱり味、がっつり味、
ボリューム満点の丼を一挙に紹介。
ランチにも、忙しい日の夜ごはんにもぴったりです。

王道丼

牛丼や三食丼、親子丼、海鮮丼など、
万人に愛される人気の丼レシピをピックアップ。

煮込まず時短で作れる レンチン牛丼

調理時間 **5分**

材料

牛切り落とし肉 … 100g
玉ねぎ … 1/4個
A｜麺つゆ … 大さじ2
　｜おろししょうが、砂糖
　｜　… 各小さじ1/2
ごはん … 小丼1杯分
紅しょうが … 適量

作り方

1　玉ねぎは薄切りにする。

2　耐熱ボウルに1、牛肉を入れ、混ぜ合わせたAを回し入れる。ラップをかけて電子レンジで4分加熱し、軽く混ぜる。

3　丼にごはんを盛り、2をのせて紅しょうがを添える。

PART 2 のっけ丼
王道丼

甘めのつゆが牛肉にしみしみ。
玉ねぎはシャキシャキ！

45

冷凍野菜とレンジ加熱を
活用すればあっという間！

冷凍ほうれん草を使って

PART 2　のっけ丼

王道丼

みんな大好き彩り丼
鶏そぼろの三色丼

調理時間 **4分**

材料

鶏ひき肉 … 50g
A ｜ 麺つゆ … 大さじ1
　｜ おろししょうが
　｜ 　　… 小さじ1/2
溶き卵 … 1個分
マヨネーズ … 大さじ1
サラダ油 … 適量
冷凍ほうれん草 … 30g
麺つゆ … 大さじ1
ごはん … 小丼1杯分

作り方

1. 耐熱容器にひき肉、Aを入れて混ぜ、ラップをかけて電子レンジで1分30秒加熱する。熱いうちに混ぜてそぼろ状にする。

2. 溶き卵とマヨネーズを混ぜ合わせる。フライパンを中火で熱してサラダ油をひき、卵液を流し入れ、混ぜながら炒り卵にする。

3. 別の耐熱容器にほうれん草、麺つゆを入れてさっと混ぜ、ラップをかけて電子レンジで30秒加熱する。丼にごはんを盛り、すべての具をのせる。

缶詰で加熱時間を短縮。
調味料も麺つゆだけでラクラク

ふんわり卵が具を包み込む
お手軽親子丼

調理時間 **5分**

焼鳥缶を使って

材料

- 焼鳥缶（たれ）… 1缶
- 玉ねぎ … 1/8個
- 溶き卵 … 1個分
- A | 麺つゆ … 大さじ1
　　| 水 … 50mℓ
- ごはん … 小丼1杯分
- 刻みのり … 適量

作り方

1. 玉ねぎは薄切りにする。

2. 小さいフライパンにA、1、焼鳥缶をたれごと入れて中火にかけ、玉ねぎがしんなりするまで加熱する。溶き卵を2回に分けて加え、半熟状になったら火から下ろす。

3. 丼にごはんを盛って2をのせ、のりをのせる。

PART 2 のっけ丼
王道丼

ビビンバ丼

野菜を切る手間をカット

調理時間 **4分**

材料

豚ひき肉 … 50g
もやしミックス … 100g
A｜焼肉のたれ … 大さじ1と1/2
　｜鶏がらスープの素、
　｜おろしにんにく
　｜　… 各小さじ1/2
ごま油 … 大さじ1
ごはん … 小丼1杯分
白いりごま … 適量
温泉卵 … 1個

作り方

1 フライパンを中火で熱してごま油をひき、ひき肉を火が通るまで炒める。

2 もやしミックスを加えてさっと炒め、Aを加えて混ぜ合わせる。

3 丼にごはんを盛って2をのせ、白ごまをふって温泉卵をのせる。

もやしミックスを使って

甘辛く炒めた具材に
とろ〜り卵をよく絡めて

49

魚介味はかに風味かまぼこにお任せ！
とろみあんにほっとする

ゴロゴロ具だくさん！
中華丼

調理時間 **8分**

カット白菜を使って

材料

豚バラ薄切り肉 … 50g
かに風味かまぼこ … 3本
カット白菜 … 80g
うずらの卵（水煮）… 3個
A ┃ オイスターソース
　　　　… 小さじ2
　　片栗粉 … 小さじ1
　　おろししょうが … 小さじ1/2
　　水 … 100mℓ
ごま油 … 大さじ1
ごはん … 小丼1杯分

作り方

1. 豚肉はひと口大に、かに風味かまぼこは半分に切る。Aはよく混ぜ合わせる。

2. フライパンを中火で熱してごま油をひき、豚肉を火が通るまで炒める。白菜を加えてさっと炒め合わせる。

3. うずらの卵、残りの1を加えてふたをし、時々混ぜながら白菜がやわらかくなるまで5〜6分蒸し煮にする。丼にごはんを盛り、具をのせる。

PART 2 のっけ丼

王道丼

このひと皿で大満足！
海鮮丼

調理時間 **2分**

材料

好みの刺身 … 計80g
きゅうり … 1/2本
青じそ … 2枚
A｜ポン酢しょうゆ、ごま油
　　… 各大さじ1
ごはん … 小丼1杯分
練りわさび … 適量

作り方

1　きゅうりは角切り、青じそはせん切りにし、刺身は食べやすく切る。

2　丼にごはんを盛り、1、わさびをのせ、混ぜ合わせた A を回しかける。

角切りきゅうりで食感を、
ごま油で風味をプラス

さっぱり丼

さわやかな味のものが食べたいときにぴったりな丼を集めました。

大根おろしは市販でOK
しらすおろし丼

調理時間 2分

材料

しらす … 30g
大根おろし … 50g
塩昆布 … 大さじ1
ごはん … 小丼1杯分
ポン酢しょうゆ … 適量

作り方

1. ボウルに大根おろしと塩昆布を入れ、軽く混ぜる。
2. 丼にごはんを盛り、1、しらすをのせ、ポン酢しょうゆをかける。

PART 2 のっけ丼

さっぱり丼

市販の大根おろしを使って

ポン酢しょうゆと大根おろしでさっぱり！

細切りにされたいかで簡単に。
納豆のねばりがよく絡む

梅干しの酸味が心地よい
いか梅納豆丼

調理時間 **2分**

材料

いかそうめん … 50g
納豆 … 1/2パック
梅干し … 1個
青じそ … 1枚
ごはん … 小丼1杯分
しょうゆ … 適量

作り方

1. ボウルにいか、納豆、種を除いてちぎった梅干しを入れて軽く混ぜる。
2. 丼にごはんを盛り、1、ちぎった青じそをのせる。しょうゆをかけて食べる。

PART 2 のっけ丼

さっぱり丼

シンプルなあっさり味

奴丼

調理時間 **2分**

材料

木綿豆腐 … 1/4丁（80g）
揚げ玉 … 大さじ2
薬味セット、削り節
　… 各適量
A │ 麺つゆ … 大さじ1
　 │ ごま油 … 大さじ1/2
ごはん … 小丼1杯分

作り方

1. 丼にごはんを盛り、豆腐を粗くくずしてのせる。
2. 揚げ玉、薬味、削り節をのせ、混ぜ合わせたAをかける。

市販の薬味セットを使って

揚げ玉でカリカリ感をプラス。
木綿豆腐で食べごたえもアップ

よく混ぜながら食べても
トロたくユッケ丼

調理時間 **3分**

材料

まぐろのすき身 … 50g
とろろ … 50g
刻みたくあん … 20g
A ｜ ポン酢しょうゆ
　　　… 大さじ1
　｜ ごま油 … 大さじ1/2
ごはん … 小丼1杯分
卵黄 … 1個分
刻み青ねぎ … 適量

作り方

1　丼にごはんを盛り、とろろ、たくあん、まぐろをのせる。

2　卵黄、青ねぎをのせ、混ぜ合わせたAを回しかける。

市販のとろろ・刻みたくあんを使って

とろろと卵黄でねばとろ！

たくあんの食感が小気味いい

PART 2 のっけ丼
さっぱり丼

野菜がとれるヘルシー丼
タコライス風サラダ丼

調理時間 3分

PART 2　のっけ丼

さっぱり丼

市販の
ミートソース・
サラダミックス
を使って

アボカドのねっとり感と
トマトの酸味が合う

材料

アボカド … 1/4個
ミニトマト … 5個
サラダミックス … 20g
ミートソース … 50g
ごはん … 小丼1杯分
オリーブオイル、粉チーズ
　　… 各適量

作り方

1　アボカド、ミニトマトは食べやすく切る。

2　耐熱容器にミートソースを入れ、ラップをかけて電子レンジで30秒加熱する。

3　丼にごはんを盛り、サラダミックス、1をのせる。2をかけ、オリーブオイルを回しかけて粉チーズをふる。

がっつり丼

パンチのある味つけでこってり感もある、
"がっつり欲"を満たす丼を紹介します。

にんにくをきかせて
焼肉丼

調理時間 **3分**

材料

牛切り落とし肉 … 100g
せん切りキャベツ … 20g
A│焼肉のたれ
　　　… 大さじ1と1/2
　│おろしにんにく
　　　… 小さじ1/2
サラダ油 … 大さじ1/2
ごはん … 小丼1杯分
マヨネーズ、白いりごま、
　刻み青ねぎ … 各適量

作り方

1　フライパンを中火で熱してサラダ油をひき、牛肉を火が通るまで炒める。Aを加えて炒め合わせる。

2　丼にごはんを盛り、キャベツ、1をのせる。マヨネーズをかけて白ごまをふり、青ねぎをのせる。

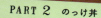

PART 2 のっけ丼
がっつり丼

せん切り
キャベツ
を使って

甘辛く炒めた牛肉に
マヨネーズで背徳感ある味！

ケチャップで甘味も加わる
豚キム丼

調理時間 **4分**

材料

豚切り落とし肉 … 100g
白菜キムチ … 50g
にら … 1/4束
カットレタス … 20g
ケチャップ … 小さじ1
ピザ用チーズ … 10g
ごま油 … 大さじ1
ごはん … 小丼1杯分

作り方

1. にらはざく切りにする。

2. フライパンを中火で熱してごま油をひき、豚肉を火が通るまで炒める。1、キムチを加え、にらがしんなりするまで炒め合わせる。

3. ケチャップを加えて混ぜ、ピザ用チーズをのせてふたをし、チーズが溶けるまで蒸し焼きにする。丼にごはんを盛り、レタスを敷いて具をのせる。

カットレタスを使って

キムチ×チーズの最強コンビに
ごま油とにらの香りがたまらない！

PART 2 のっけ丼

がっつり丼

さけとバターの塩気に
みそのコクでごはんがすすむ

切り身をまるごとのせて

さけの みそバタ丼

調理時間 5分

カットキャベツ を使って

材料

甘塩さけ … 1切れ（80g）
カットキャベツ … 100g
A｜みそ、酒 … 各小さじ2
　｜砂糖、おろしにんにく
　｜　… 各小さじ1
バター … 5g
ごはん … 小丼1杯分

作り方

1. 耐熱皿にキャベツ、さけを順にのせ、混ぜ合わせたAをかける。ラップをかけて電子レンジで4分加熱する。

2. 丼にごはんを盛り、1、バターをのせる。

PART 2 のっけ丼

がっつり丼

サラダチキンが大変身！
よだれ鶏風丼

調理時間 2分

材料

- きゅうり … 1/2本
- サラダチキン … 50g
- A | 黒すりごま、マヨネーズ … 各大さじ1
    | 麺つゆ … 大さじ1/2
    | おろししょうが … 小さじ1/2
- ごはん … 小丼1杯分
- ラー油 … 適量

作り方

1. きゅうりはせん切りにし、サラダチキンは食べやすく裂く。
2. 丼にごはんを盛り、1をのせて混ぜ合わせたAをかけ、ラー油をかける。

黒すりごまが醸し出す深みに

ラー油でパンチをきかせる

サラダチキンを使って

ボリューム丼

おなかにたまる、とにかく満足感のある丼を紹介します。
市販品を上手に活用するのがコツ。

ジューシーな牛肉をオン！
ガーリックステーキ丼

調理時間 3分

材料

牛サイコロステーキ用肉
　　… 130g
コーン缶 … 50g
A│酒、しょうゆ、みりん
　│　… 各大さじ1/2
　│おろしにんにく
　│　… 小さじ1/2
サラダミックス … 20g
サラダ油 … 小さじ1
ごはん … 小丼1杯分

作り方

1. フライパンを中火で熱してサラダ油をひき、牛肉を火が通るまで焼く。コーン、混ぜ合わせたAを加え、炒め合わせる。

2. 丼にごはんを盛り、サラダミックス、1をのせる。

PART 2　のっけ丼
ボリューム丼

サラダミックス を使って

野菜を一緒に盛って栄養も◎
コーンで彩りアップ！

67

漬物を入れたタルタルソースで
酸味と食感をプラス

PART 2 のっけ丼
ボリューム丼

市販のから揚げにひと工夫
チキン南蛮丼

調理時間 **3分** + から揚げを温める時間

材料

から揚げ … 3〜4個
ゆで卵 … 1個
A │ 好みの漬物（刻む）、
  │　マヨネーズ … 各大さじ1
B │ 酢 … 大さじ1
  │ 砂糖、しょうゆ … 各大さじ1/2
ごはん … 小丼1杯分

作り方

1　ゆで卵はフォークなどでつぶし、Aと混ぜ合わせる。

2　から揚げは電子レンジで好みの程度に温める。耐熱容器にBを入れ、ラップをかけて電子レンジで20秒加熱する。

3　丼にごはんを盛り、から揚げをのせてBをかけ、1をのせる。

市販の
から揚げ
を使って

69

高菜漬けの塩気と辛味で
豚の高菜炒め丼

調理時間 3分

材料

豚バラ薄切り肉 … 100g
もやし … 50g
高菜漬け … 50g
おろししょうが … 小さじ1/2
しょうゆ … 小さじ1/2〜1
ごま油 … 大さじ1/2
ゆで卵 … 1/2個
ごはん … 小丼1杯分

作り方

1. 豚肉は食べやすく切る。
2. フライパンを中火で熱してごま油をひき、1を火が通るまで炒める。もやし、高菜漬け、おろししょうがを加え、もやしに火が通るまで炒め、しょうゆを加えてさっと炒め合わせる。
3. 丼にごはんを盛り、2をのせてゆで卵を添える。

豚肉と高菜が相性抜群。
ゆで卵も添えて映える見た目に

PART 2 のっけ丼
ボリューム丼

COLUMN 04

味つけに迷わない＆失敗しない！
万能！たれバリエ

味つけの悩みを解決する、万能だれを紹介。
とりあえず炒めた食材にたれをかければ、立派なおかずの完成！

甘みと酸味が好バランス

ケチャップヨーグルトだれ

材料

A｜プレーンヨーグルト（無糖）、
　　ケチャップ … 各大さじ1と1/2
粗びき黒こしょう … 適量

作り方

Aをざっくりと混ぜ合わせ、黒こしょうをふる。

おかわり必至の王道甘辛味

ジンジャーだれ

材料

しょうゆ、みりん … 各大さじ1
酒 … 大さじ1/2
おろししょうが … 小さじ1
砂糖 … 小さじ1/2

作り方

耐熱ボウルにすべての材料を入れてよく混ぜ合わせる。ラップをかけ、電子レンジで50秒加熱する。

みそジャムだれ

材料

いちごジャム … 大さじ1
酒、みそ … 各大さじ1/2

作り方

耐熱ボウルにすべての材料を入れてよく混ぜ合わせる。ラップをかけ、電子レンジで30秒加熱する。

ジャムでフルーティー！

ねぎ塩にんにくだれ

材料

長ねぎのみじん切り … 5cm分
ごま油、レモン汁 … 各大さじ1
おろしにんにく … 小さじ1
鶏がらスープの素 … 小さじ1/2

作り方

すべての材料を混ぜ合わせる。

やみつきになる味わい

カレー麺つゆだれ

材料

麺つゆ … 大さじ1と1/2
ごま油、水 … 各大さじ1
カレー粉 … 小さじ1/2

作り方

耐熱ボウルにすべての材料を入れてよく混ぜ合わせる。ラップをかけ、電子レンジで30秒加熱する。

飽きのこないスパイシーさ

＋余り野菜の

ひとり分でも
作りやすい
スープ

まずは、スープ や

レスキュー法 ①

傷みかけの野菜や中途半端に残った端っこ野菜、冷蔵庫にありませんか？
まだまだ食べられる野菜たち。発見したらスープや鍋にしちゃいましょう。

ひとりでもペロリといける **小鍋**

小鍋 にしましょう

余り野菜のレスキュー法 ❶

スープ&小鍋の いいところ

使う食材を選ばない

スープや鍋は、どんな食材も受け止める懐の深いメニュー。余り野菜も食べやすくなります。P78〜では、ベースとなるスープのレシピとおすすめの具材を紹介しています。

食卓が豪華になる

あたたかい汁物は満足感を高めてくれます。スープをごはんと主菜に添えれば、献立が格上げ！ 野菜だけでなく、肉や魚などを入れれば、それだけでメイン級の一品に。

飽きずに楽しめる

同じ食材でもスープの味を変えれば、まったく違った雰囲気に。和風から洋風、中華風など幅広いアレンジが可能です。その日の気分に合わせて味わいを変えてみましょう。

ひとり分でも作りやすい

具材の量を調節しやすいのもスープ&鍋のいいところ。それこそ、余った野菜だけでもOK。そのときに欲しい分だけ作れるから、ひとり分でも作りやすいのがメリットです。

スープ&小鍋の**ルール**

RULE 01　鍋は小さめのものを使う

ひとり分のスープや小鍋を作るときは、効率よく食材に火を通すためにも、小さめの鍋を使うのがおすすめです。小鍋（P82〜85）のレシピでは、直径16〜18cmのひとり用鍋を使用しています。

RULE 02　加熱の目安は、具材に火が通るまで

加熱具合は好みでOKですが、肉や魚はしっかり火を通しましょう。具材によっては加熱しすぎると崩れやすくなったりかたくなったりするため、様子を見ながら加熱して。

RULE 03　火が通りにくい食材から順に鍋に加える

具材によって火の通る早さが異なるため、通りにくいものから順番に加えます。肉・魚は、鶏肉など厚みがあるものは早めに加熱スタート。薄切り肉や魚の切り身などは、野菜と同じタイミングでよいでしょう。野菜は、根菜類などは最初に、加熱せずに食べられる野菜や、葉物類やきのこ類、もやしはさっと加熱する程度でOK。火が通りにくい野菜は小さく切る、薄切りにするなどしても◎。ピーラーを使うのも手です。

※傷んだ食材は使用しないでください。判断がむずかしい場合は使うのを控えましょう。

✚ 余り野菜のレスキュー法 ❶【スープ】

みそでこっくり感を加えて。
豆乳ベースを和風仕立てに

梅干しを1粒加えるだけで
いつもの麺つゆ味に変化がつく

キムチのピリ辛味に
仕上げのごま油で香りづけを

豆乳はいちばん最後に加えて
豆乳みそスープ

小鍋に水100㎖、鶏がらスープの素小さじ1、好みの野菜50～100gを入れてふたをし、具材に火が通るまで中火で加熱する。みそ大さじ1/2を加えて溶かし、無調整豆乳100㎖を加えて混ぜる。

\ 使った野菜 /
* キャベツ（ちぎる）
* にんじん（半月切り）

【そのほかのおすすめ野菜】
きのこ、じゃがいも、かぼちゃなど

梅干しは好みの種類でOK
さっぱり梅スープ

小鍋に水200㎖、麺つゆ大さじ1、種を除いてちぎった梅干し1個、好みの野菜50～100gを入れてふたをし、具材に火が通るまで中火で加熱する。塩適量で味を調える。

\ 使った野菜 /
* トマト（くし形切り）
* レタス（ちぎる）

【そのほかのおすすめ野菜】
大根、玉ねぎ、オクラなど

発酵食品コンビで
納豆キムチスープ

小鍋に水200㎖、鶏がらスープの素小さじ1/2、白菜キムチ50g、好みの野菜50～100gを入れてふたをし、具材に火が通るまで中火で加熱する。納豆1パックと付属のたれを混ぜてから加え、さっと煮る。ごま油適量を回しかけ、刻み青ねぎ適量をのせる。

\ 使った野菜 /
* もやし
* 長ねぎ（斜め切り）

【そのほかのおすすめ野菜】
小松菜、にら、キャベツなど

余り野菜のレスキュー法 ❶【スープ】

しょうがの香り漂う洋風味
ジンジャーコンソメスープ

小鍋に水200ml、コンソメ・おろししょうが各小さじ1、好みの野菜50〜100gを入れてふたをし、具材に火が通るまで中火で加熱する。塩・粗びき黒こしょう各適量で味を調える。

＼ 使った野菜 ／
* じゃがいも（角切り）
* しめじ（ほぐす）
* 玉ねぎ（角切り）

【そのほかのおすすめ野菜】
白菜、にんじん、かぶなど

クリーミーさにほのかな酸味
トマトクリームスープ

小鍋に水・トマトジュース（無塩）各100ml、好みの野菜50〜100gを入れてふたをし、具材に火が通るまで中火で加熱する。ホワイトシチューのルウ1かけ（20g）を加えて溶かす。

＼ 使った野菜 ／
* 玉ねぎ（薄切り）
* ブロッコリー（小房に分ける）

【そのほかのおすすめ野菜】
じゃがいも、きのこ、いんげんなど

ほっとする味わい
黒ごまみそ汁

小鍋に水200ml、和風だし小さじ1/2、好みの野菜50〜100gを入れてふたをし、具材に火が通るまで中火で加熱する。みそ小さじ1/2を加えて溶かし、黒すりごま小さじ1を加えて混ぜる。

＼ 使った野菜 ／
* さつまいも（輪切り）

【そのほかのおすすめ野菜】
もやし、ごぼう、キャベツなど

体があたたまるやさしい味。
いろいろな野菜に合う

トマトジュースとルウを
使ったアイデアスープ

風味の強い黒すりごまで
いつものみそ汁に奥行きが出る

➕ 余り野菜のレスキュー法 ❶【鍋】

具材は数種類使うと味わい豊かになって◎

鶏肉は早めに加えて
ちゃんこ鍋

小鍋に水400㎖、麺つゆ大さじ3、酒大さじ1、食べやすく切った鶏もも肉150gを入れ、ふたをして中火にかける。煮立ってきたらアクを取り除き、好みの野菜適量、食べやすく切った油揚げ・木綿豆腐各適量を加えて再度ふたをし、具材に火が通るまで加熱する。

＼ 使った野菜 ／
* 白菜（ざく切り）
* まいたけ（ほぐす）

【そのほかのおすすめ野菜】
水菜、小松菜、長ねぎなど

たらを鶏肉に変えてもおいしい
洋風トマト鍋

小鍋にトマトジュース(無塩)・水各200㎖、コンソメ大さじ1/2、おろししょうが小さじ1/2を入れて軽く混ぜる。食べやすく切った生たら1切れ、好みの野菜適量を加えてふたをし、具材に火が通るまで中火で加熱する。粗びき黒こしょう適量をふる。

\ 使った野菜 /

* じゃがいも
  (食べやすく切る)
* しめじ(ほぐす)
* にんじん
  (長さを半分に切ってから四つ割りにする)

【そのほかのおすすめ野菜】
玉ねぎ、キャベツ、かぶなど

トマトジュースを使って
コクある味わいに

余り野菜のレスキュー法 ❶【鍋】

豚肉を鶏肉やさけで代用しても◎
みそバター鍋

小鍋に水400㎖、みそ・みりん各大さじ1、鶏がらスープの素・おろしにんにく各小さじ1を入れ、みそを溶きながら混ぜる。食べやすく切った豚バラ薄切り肉150g、好みの野菜適量を加えてふたをし、具材に火が通るまで中火で加熱する。バター10gをのせる。

\ 使った野菜 /
* キャベツ（ざく切り）
* コーン

【そのほかのおすすめ野菜】
白菜、じゃがいも、きのこなど

じんわり溶けたバターが至福！
シメに麺を入れてもおいしい

> ほうじ茶のこうばしさと
> 塩昆布のうまみがマッチ

豚肉のかわりに白身魚の刺身でも
ほうじ茶しゃぶしゃぶ鍋

小鍋にほうじ茶500㎖、塩昆布10g、塩小さじ1/2を入れて中火にかける。煮立ったら火を弱め、豚しゃぶしゃぶ用肉150〜200g、好みの野菜適量をくぐらせて火を通す。

\ 使った野菜 /

* 水菜（ざく切り）
* しいたけ（薄切り）

【そのほかのおすすめ野菜】
大根、にんじん
（ともにピーラーで
薄切りにする）など

PART 3

飽きずに 楽しめる

お手軽和え麺

味わいいろいろのパスタ、うどん、中華麺を紹介します。
具材やソース作りは、市販品やレンチン加熱、
ワンパン加熱を上手に組み合わせれば簡単。
あとはゆでた麺にのせるだけ！
食べるときに好みの具合に和えましょう。

麺と具材を和えて、いただきます!

- ☑ パスタ
- ☑ うどん
- ☑ 中華麺

パスタ

麺をゆでたらあとはボウルか器に入れて和えるだけの、スピードパスタレシピを紹介。

具材の舌触りがなめらか

スモークサーモンとアボカドの冷製パスタ

調理時間 **3分** ＋スパゲッティをゆでる時間

材料

スパゲッティ … 100g
スモークサーモン
　（切り落とし）… 30g
アボカド … 1/2個
A｜オリーブオイル
　　　… 大さじ2
　　しょうゆ … 大さじ1
　　レモン汁 … 大さじ1/2
　　練りわさび … 少々

作り方

1　スパゲッティは袋の表記通りにゆで、冷水で洗って水気をきる。

2　ボウルに1を入れ、アボカドをスプーンでひと口大にすくって加え、サーモン、混ぜ合わせたAを加えてさっと和える。

PART 3 お手軽 和え麺

パスタ

ワインによく合うひんやりパスタ。
少しのわさびが隠し味

PART 3 お手軽 和え麺

パスタ

酸味と辛味がほんのりと

キャベツと桜えびの ゆずこしょうパスタ

調理時間 **3分** + スパゲッティを ゆでる時間

材料

スパゲッティ … 100g
カットキャベツ … 50g
桜えび … 5g
A｜オリーブオイル、ポン酢しょうゆ
　　… 各大さじ1
　｜ゆずこしょう … 小さじ1/2

作り方

1. スパゲッティは袋の表記通りにゆでる。ゆで上がり2分前にキャベツを加えて一緒にゆでる。
2. ボウルにAを入れて混ぜ、水気をきった1、桜えびを加えて和える。

カットキャベツを使って

桜えびの凝縮されたうまみに
ゆずのさわやかさを合わせて

削り節の香りが漂う。
生卵とパスタをよく絡めて

家にある材料で作れる
卵かけパスタ

調理時間 **1分** +スパゲッティをゆでる時間

材料

スパゲッティ … 100g
卵 … 1個
麺つゆ … 大さじ2
削り節、刻みのり … 各適量

作り方

1. スパゲッティは袋の表記通りにゆで、水気をきって器に盛る。
2. 卵を割り落として麺つゆをかけ、削り節、のりをのせる。

PART 3 お手軽 和え麺 / パスタ

梅たらこパスタ

青じその香り広がる和風味

調理時間 3分 + スパゲッティをゆでる時間

材料

スパゲッティ … 100g
たらこ … 30g
梅干し … 1個
オリーブオイル … 大さじ2
青じそ … 3枚

作り方

1. スパゲッティは袋の表記通りにゆでる。
2. ボウルにたらこ、種を除いてちぎった梅干し、オリーブオイル、水気をきった1を入れ、たらこをほぐしながら混ぜる。
3. 器に盛り、青じそをちぎって散らす。

たらこと梅干しの塩気で調味料不要。オリーブオイルをまとわせて

PART 3 お手軽 和え麺

パスタ

ツナ缶はオイルごと加えて

ツナ缶の
トマトクリームパスタ

調理時間 **4分** +スパゲッティをゆでる時間

材料

スパゲッティ … 100g
ツナ缶（オイル漬け）… 80g
トマトソース … 100g
牛乳 … 50㎖
粉チーズ、粗びき黒こしょう … 各適量

作り方

1. スパゲッティは袋の表記通りにゆでる。
2. 耐熱ボウルにツナ缶、トマトソース、牛乳を入れ、ラップをかけて電子レンジで3分加熱する。
3. 水気をきった1を加えて和え、器に盛り、粉チーズ、黒こしょうをふる。

市販の**トマトソース**を使って

ソース作りはレンチン加熱で。
トマトソースは市販品を使って手軽に

95

冷凍野菜やカット野菜を上手に使って仕上げます

冷凍ほうれん草・カットしめじを使って

味つけはルウだけでOK
ほうれん草とソーセージのクリームパスタ

調理時間 **8分** +スパゲッティをゆでる時間

材料

スパゲッティ … 100g
冷凍ほうれん草 … 50g
カットしめじ … 40g
ウインナーソーセージ … 3本
A │ ホワイトシチュールウ
　│ 　… 1片（20g）
　│ 水 … 150㎖

作り方

1　スパゲッティは袋の表記通りにゆでる。

2　耐熱ボウルにほうれん草、しめじ、手でちぎったソーセージ、Aを入れ、ラップをかけて電子レンジで5分加熱する。

3　ルウを溶かしながらよく混ぜ、水気をきった1を加えて和える。

PART 3　お手軽 和え麺
パスタ

バターとベーコンの塩気で
ブロッコリーのガリバタパスタ

調理時間 **4分** ＋スパゲッティをゆでる時間

材料

スパゲッティ … 100g
ベーコン … 2枚
冷凍ブロッコリー … 100g
バター … 10g
おろしにんにく … 小さじ1/2
粗びき黒こしょう … 適量

冷凍ブロッコリーを使って

作り方

1. スパゲッティは袋の表記通りにゆでる。ベーコンは食べやすく切る。

2. 耐熱容器にベーコン、ブロッコリー、バターを入れ、ラップをかけて電子レンジで3分加熱する。

3. 水気をきったスパゲッティ、おろしにんにくを加えて和える。器に盛り、黒こしょうをふる。

バターの塩気とにんにく風味で間違いないおいしさに

97

うどん

炒め麺からのっけ麺、ぶっかけ麺まで幅広く紹介。
レンジで解凍・加熱できる冷凍うどんを使えばラクちん。

味つけは麺つゆだけ
焼きうどん風和え麺

調理時間 **2分** +うどんを加熱する時間

材料

冷凍うどん … 1玉
豚こま切れ肉 … 50g
カットキャベツ … 50g
A │ 麺つゆ … 大さじ2
　│ 水 … 大さじ1
ごま油 … 大さじ1
削り節、紅しょうが
　… 各適量

作り方

1. フライパンを中火で熱してごま油をひき、豚肉を火が通るまで炒める。

2. キャベツを加えて炒め、しんなりしてきたらAを加えて炒め合わせる。

3. うどんは袋の表記通りに電子レンジで加熱し、器に盛る。2、削り節をのせて紅しょうがを添える。

PART 3 お手軽 和え麺
うどん

カットキャベツ を使って

カット野菜とこま切れ肉で手間いらず。
削り節はたっぷりのせて

きゅうりは食感を残して
たたききゅうりのジャージャー麺

調理時間 **2分** + うどんを加熱する時間

材料

冷凍うどん … 1玉
豚ひき肉 … 100g
きゅうり … 1/2本
ごま油 … 大さじ2
焼肉のたれ … 大さじ2

作り方

1. きゅうりは麺棒などでたたき、食べやすい大きさにする。

2. フライパンを熱してごま油大さじ1をひき、ひき肉を色が変わるまで炒める。焼肉のたれ、1を加え、さっと炒め合わせる。

3. うどんは袋の表記通りに電子レンジで加熱し、器に盛る。2をのせ、ごま油大さじ1を回しかける。

きゅうりはたたくことで味がしみて食べごたえも！

PART 3　お手軽 和え麺
うどん

さばのみそ煮缶を使えば
具は加熱不要で味つけも失敗なし！

しょうが風味のごまみそ味
さばの冷汁風うどん

調理時間
1分
＋うどんを加熱する時間

材料

冷凍うどん … 1玉
さばのみそ煮缶
　　… 1/2缶（90g）
A｜白すりごま、みそ
　　　… 各大さじ1/2
　｜おろししょうが
　　　… 小さじ1
　｜水 … 50㎖
刻みみょうが、貝割れ大根
　　… 各適量

作り方

1. ボウルにさば缶、Aを入れ、さばの身をほぐしながら混ぜる。
2. うどんは袋の表記通りに電子レンジで加熱し、冷水で洗って水気をきる。
3. 器に2を盛り、1をのせ、みょうが、貝割れ大根をのせる。

PART 3 お手軽 和え麺

うどん

ねばねば食材を組み合わせて
オクラ納豆うどん

調理時間
2分
＋うどんを加熱する時間

材料

冷凍うどん … 1玉
冷凍刻みオクラ … 30g
納豆 … 1パック
A｜塩昆布、麺つゆ
　　… 各大さじ1

冷凍刻みオクラ を使って

作り方

1. 耐熱容器にオクラを入れ、ラップをかけて電子レンジで30秒加熱する。Aを加えて混ぜる。納豆は付属のたれと混ぜる。

2. うどんは袋の表記通りに電子レンジで加熱し、冷水で洗って水気をきる。

3. 器に2を盛り、1をのせる。

体にやさしいぶっかけ麺。
麺つゆは冷やしてかけても

PART 3 お手軽 和え麺
うどん

野菜の甘みを生かすから
少ない調味料でOK

彩り豊かでおしゃれな一皿
ラタトゥイユ風うどん

調理時間
2分
+うどんを加熱する時間

材料

冷凍うどん … 1玉
赤パプリカ、黄パプリカ
　… 計30g
ズッキーニ … 30g
ミニトマト … 3個
A｜ケチャップ … 大さじ2
　｜水 … 大さじ1
オリーブオイル … 大さじ1
粉チーズ、粗びき黒こしょう
　… 各適量

作り方

1. パプリカ、ズッキーニはひと口大に、ミニトマトは半分に切る。

2. フライパンを中火で熱してオリーブオイルをひき、パプリカとズッキーニをしんなりするまで炒める。ミニトマト、Aを加え、さっと炒め合わせる。

3. うどんは袋の表記通りに電子レンジで加熱し、器に盛る。2をのせ、粉チーズ、黒こしょうをふる。

中華麺

具材が絡みやすいのが中華麺のいいところ。
中華風だけでなく、洋風、和風にもアレンジできます。

お箸が止まらない！ ラー油そば

調理時間 **1分** ＋麺をゆでる時間

材料

中華麺 … 1玉
サラダチキン … 30g
きゅうり … 1/2本
A｜食べるラー油
　　… 大さじ1〜好みの量
　酢、麺つゆ
　　… 各大さじ1/2

作り方

1　中華麺は袋の表記通りにゆで、冷水で洗って水気をきる。

2　きゅうりは棒状に切り、サラダチキンは食べやすく裂く。

3　器に1を盛って2をのせ、混ぜ合わせたAをかける。

PART 3 お手軽 和え麺

中華麺

サラダチキン・食べるラー油 を使って

食べるラー油で味わい充分！

酢ですっきり感も加わる

オイスターソースで本格的。
ピーマンのシャキッと感を残して

火の通りが早い切り落とし肉で
チンジャオロース麺

調理時間 **2分** +麺をゆでる時間

材料

中華麺 … 1玉
牛切り落とし肉 … 100g
ピーマン … 1個
A｜酒、オイスターソース
　　　… 各大さじ1と1/2
ごま油 … 大さじ2

作り方

1. ピーマンは細切りにする。

2. フライパンを中火で熱してごま油大さじ1をひき、牛肉を火が通るまで炒める。1を加えてさっと炒め、Aを加えてさらに炒め合わせる。

3. 中華麺は袋の表記通りにゆで、水気をきって器に盛る。2をのせ、ごま油大さじ1を回しかける。

PART 3　お手軽 和え麺

中華麺

レンジ加熱で簡単に
にらそば

調理時間 **2分** +麺をゆでる時間

材料

中華麺 … 1玉
にら … 1/2束
ごま油 … 大さじ1
A｜酢、オイスターソース … 各大さじ1
卵黄 … 1個分

作り方

1. にらは刻んで耐熱容器に入れ、ごま油を加えて和える。ラップをかけて電子レンジで1分加熱し、Aを加えて混ぜる。

2. 中華麺は袋の表記通りにゆで、水気をきって器に盛る。1をかけて卵黄をのせる。

どっさりのせたにらが存在感大！
ごま油と合わせて香りよく

PART 3　お手軽 和え麺

中華麺

とろみあんをまんべんなくかけて。
あんは加熱前後によく混ぜること

卵はふんわり仕上げて

かにたま麺

調理時間 **2分** ＋麺をゆでる時間

材料

中華麺 … 1玉
卵 … 1個
かに風味かまぼこ … 5本
A｜ポン酢しょうゆ
　　　… 大さじ2
　　水 … 大さじ1
　　片栗粉 … 小さじ1/2
ごま油 … 大さじ1
刻み青ねぎ … 適量

作り方

1. 耐熱容器にAを入れてよく混ぜる。ラップをかけて電子レンジで1分加熱し、混ぜる。

2. ボウルに卵を割りほぐし、かに風味かまぼこを裂いて加えて混ぜる。フライパンを中火で熱してごま油をひき、卵液を流し入れて半熟状に焼く。

3. 中華麺は袋の表記通りにゆで、水気をきって器に盛る。2をのせて1をかけ、青ねぎをのせる。

カット白菜を使って

ミルク仕立ての中華風。
火の通りが早いハムを使って

汁まで飲み干したくなる
ハムと白菜の中華麺

調理時間 **7分** +麺をゆでる時間

材料

中華麺 … 1玉
ハム … 2枚
カット白菜 … 80g
A │ 鶏がらスープの素、
　　おろししょうが
　　　… 各小さじ1
　│ 水 … 150㎖
B │ 片栗粉 … 小さじ1
　│ 牛乳 … 50㎖
ごま油、粗びき黒こしょう
　　… 各適量

作り方

1. ハムは食べやすく切る。Bは混ぜ合わせておく。

2. 小鍋にハム、白菜、Aを入れてふたをし、中火にかける。煮立ってから5分ほど、そのまま白菜に火が通るまで煮る。Bを加え、とろみがつくまで混ぜながら加熱する。

3. 中華麺は袋の表記通りにゆで、水気をきって器に盛る。2をかけてごま油を回しかけ、黒こしょうをふる。

PART 3　お手軽 和え麺

ザーサイの塩気が決め手
ザーサイそぼろの混ぜ麺

調理時間 **2分** ＋麺をゆでる時間　中華麺

材料

中華麺 … 1玉
鶏ひき肉 … 100g
味つきザーサイ … 30g
もやし … 50g
A｜ごま油 … 大さじ1/2
　｜塩 … 少々
B｜酒 … 大さじ2
　｜鶏がらスープの素 … 小さじ1
ごま油 … 大さじ1

作り方

1. 耐熱容器にもやしを入れ、ラップをかけて電子レンジで1分加熱する。水気をきり、Aを加えて混ぜる。

2. フライパンを中火で熱してごま油をひき、ひき肉を火が通るまで炒める。ザーサイ、Bを加えて炒め合わせる。

3. 中華麺は袋の表記通りにゆで、水気をきって器に盛る。1、2をのせる。

鶏そぼろが麺によく絡む。
もやしの水気はしっかりきって

＋余り野菜の

ひとり分も作りやすい

ホイル焼き に

レスキュー法 ②

冷蔵庫に残っている野菜や端っこ野菜の使い道として、
ホイル焼きもうってつけ。肉や魚と合わせてごはんのおかずに！

一品で
肉も野菜も
とれる

するのもおすすめ！

✚ 余り野菜のレスキュー法 ❷

ホイル焼きの いいところ

ほったらかしでOK

ホイルで具材を包んだら、あとはトースターにお任せ。ほったらかしていれば加熱できるので、待っている間にほかの作業ができます。

マンネリ知らず

スープ＆鍋と同様、使う具材を選びません。味わいはたれで変化をつけて。P118〜ではたれのレシピとおすすめの具材を紹介しています。

食材のうまみが凝縮

ホイルで包んで加熱するので、食材は蒸されている状態に。うまみを逃さず香りもキープできるため、おいしく仕上がります。

ヘルシーに仕上がる

野菜をいちばん下に敷くから、油を使わなくても肉や魚の加熱が可能です。ヘルシーに作りたい人にもおすすめの調理法です。

洗い物が減らせる

必要な道具は、アルミホイルとトースターだけ。鍋やフライパンを使わないから洗い物が少なくて済みます。器が汚れにくいのも◎。

ホイル焼きの**ルール**

RULE 01　具材は<u>野菜→肉・魚の順に広げる</u>

アルミホイルに具材をのせるときは、まず野菜類をのせて、その上に肉や魚をのせましょう。そして、最後にたれをかけます。そうすることで加熱中に肉や魚のうまみがたれとともに流れ落ちて野菜にしみ込み、おいしくなります。また、野菜を下に敷くことで、肉や魚がアルミホイルにくっついて剥がれにくくなるのも防ぎます。

RULE 02　具材は<u>火の通りやすいもの</u>を

ホイル焼きは、すべての具材を時間差をつけずに同時に加熱するため、肉や魚は火が通りやすいものが◎。肉なら薄切り肉や切り落とし肉、魚介類なら切り身やえびなどがおすすめです。野菜は火が通りにくいものは小さめに切るなど工夫を。

RULE 03　アルミホイルはすき間ができないように<u>包む</u>

加熱中、野菜から水分が出てきます。ホイルから汁気が漏れ出ないよう、アルミホイルは2枚重ねてしっかり包みましょう。折り込むようなイメージで包むと簡単で、すき間ができません。仕上がりもきれいになります。

※傷んだ食材は使用しないでください。判断がむずかしい場合は使うのを控えましょう。

余り野菜のレスキュー法 ❷【ホイル焼き】

― 基本のホイル焼きの作り方 ―

アルミホイルを2枚重ね、好みの食材130〜150gをのせ、たれの材料をよく混ぜてかける。アルミホイルを折り込んで包み、トースターで10〜13分加熱する。たれと具材をよく絡めて食べる。

砂糖で甘みを加える
ゆずみそ味

材料

みそ … 大さじ1/2
砂糖、酒 … 各小さじ1
ゆずこしょう … 少々

＼ 使った食材 ／

* 豚バラ薄切り肉（食べやすく切る）
* キャベツ（ちぎる）
* しめじ（ほぐす）

【そのほかのおすすめ食材】
生たら、にんじん、玉ねぎなど

ゆずこしょうとみそが好相性。
白飯泥棒な純和風味

甘みと辛味がほどよい。
ケチャップベースの濃厚味

豆板醤でピリ辛に！
ピリ辛ケチャップ みそ味

\ 使った食材 /
* 牛切り落とし肉
* もやし
* にら（ざく切り）

【そのほかのおすすめ食材】
れんこん、小松菜、長ねぎなど

材料

ケチャップ … 大さじ1/2
酒、みそ … 各小さじ1
豆板醤 … 少々

✚ 余り野菜のレスキュー法 ❷【ホイル焼き】

しょうゆを少し加えることで
どんな食材でもごはんに合う

プチプチ感と酸味が特徴
マスタード しょうゆ味

材料

粒マスタード、オリーブオイル
　…各大さじ1/2
しょうゆ…小さじ1/2

\ 使った食材 /

* むきえび
* ミニトマト
* ズッキーニ（輪切り）

【そのほかのおすすめ食材】
れんこん、小松菜、
長ねぎなど

バターでリッチな味わいに

レモンバター しょうゆ味

\ 使った食材 /

*生さけ
（食べやすく切る）
*アボカド（薄切り）

【そのほかのおすすめ食材】
キャベツ、きのこ、
さつまいもなど

材料

長ねぎのみじん切り … 2cm分
しょうゆ、みりん、レモン汁 … 各小さじ1
バター … 5g
※バターはたれをかけたあとにのせる

レモンと長ねぎで香り豊か。
刻んだ長ねぎの食感も◎

PART 4

スイッチひとつ でラク！

炊き込みごはん

炊き込みごはんは、ひとりごはんの強い味方！
材料をポンポン入れて炊飯するだけだからとっても簡単。
食材のうまみがじんわりしみ込んだごはんは絶品です。
残ったぶんは小分けにして冷凍保存しておけば、
ほしいときに解凍してすぐ食べられます。

☑ 具だくさんの
　味わい炊き込みごはん

☑ 少ない具材で
　シンプル炊き込みごはん

具だくさんの味わい炊き込みごはん

複数の食材を合わせた、味わい豊かな炊き込みごはんが大集合。おかずなしでも大満足です。

さばと大根の炊き込みごはん

味がしみた大根は格別！

調理時間 2分 ＋炊飯時間

材料（作りやすい分量）

- 米 … 2合
- さばの水煮缶 … 1缶（190g）
- 大根 … 150g
- A | しょうゆ … 大さじ2
　　| おろししょうが … 小さじ1
- 刻み青ねぎ … 適量

作り方

1. 米は洗って水気をきる。大根は角切りにする。
2. 炊飯釜に米、さば缶の缶汁、Aを入れ、2合の目盛りまで水を加えて軽く混ぜる。大根、さばの身を加えて炊飯する。
3. 器に盛り、青ねぎをのせる。

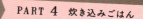

PART 4　炊き込みごはん

味わい炊き込みごはん

さば缶の味を生かすから
調味料はしょうゆだけでOK

烏龍茶で香りよく仕上がる。
しいたけのうまみがじんわり

市販のチャーシューを活用！
烏龍茶の五目炊き込みごはん

調理時間 **2分** ＋炊飯時間

市販のチャーシュー・カットごぼうミックスを使って

材料（作りやすい分量）

米 … 2合
チャーシュー
　（切り落とし）… 80g
しいたけ … 2枚
カットごぼうミックス … 100g
A｜オイスターソース
　　　… 大さじ2
　｜烏龍茶 … 360㎖

作り方

1　米は洗って水気をきる。しいたけは薄切りにする。

2　炊飯釜に米、Aを入れ、軽く混ぜる。チャーシュー、ごぼうミックス、しいたけを加えて炊飯する。

PART 4 炊き込みごはん
味わい炊き込みごはん

マヨネーズでまろやか
鶏とじゃがいもの炊き込みごはん

調理時間 **3分** ＋炊飯時間

材料（作りやすい分量）

米 … 2合
鶏もも肉 … 200g
じゃがいも … 2個（300g）
A ｜ マヨネーズ … 大さじ2
　｜ コンソメ … 大さじ1/2
塩、粗びき黒こしょう
　… 各適量

作り方

1　米は洗って水気をきる。鶏肉、じゃがいもはひと口大に切る。

2　炊飯釜に米、Aを入れ、2合の目盛りまで水を加えて軽く混ぜる。鶏肉、じゃがいもを加えて炊飯する。

3　塩で味を調え、器に盛って黒こしょうをふる。

食べごたえのある2食材で。
黒こしょうはたっぷりどうぞ

肉も魚介も入れてにぎやかに。味わい豊かに仕上がります

冷凍シーフードミックス・カットキャベツを使って

冷凍シーフードミックスを使って
ちゃんぽん風炊き込みごはん

調理時間 **3分** ＋炊飯時間

材料（作りやすい分量）

- 米 … 2合
- 豚こま切れ肉 … 100g
- 冷凍シーフードミックス … 200g
- カットキャベツ … 100g
- かまぼこ … 30g
- にんじん … 30g
- **A**
  - ごま油 … 大さじ1
  - 鶏がらスープの素、しょうゆ … 各大さじ1/2
  - おろしにんにく … 小さじ1/2
  - 牛乳 … 150mℓ
- 粗びき黒こしょう … 適量

作り方

1. 米は洗って水気をきる。にんじんは短冊切り、かまぼこは薄切りにする。
2. 炊飯釜に米、Aを入れ、2合の目盛りまで水を加えて軽く混ぜる。すべての具材を加えて炊飯する。
3. 器に盛り、黒こしょうをふる。

PART 4 炊き込みごはん
味わい炊き込みごはん

みょうがの香りが全体を引き締める

豚ときのこの ポン酢炊き込みごはん

調理時間 2分 ＋炊飯時間

材料（作りやすい分量）

米 … 2合
豚バラ薄切り肉 … 100g
好みのきのこ（しめじ、まいたけ、エリンギなど）
　… 計250g
A ｜ ポン酢しょうゆ
　　　… 大さじ4
　　麺つゆ … 大さじ1
刻みみょうが … 適量

作り方

1　米は洗って水気をきる。豚肉ときのこは食べやすく切る。

2　炊飯釜に米、Aを入れ、2合の目盛りまで水を加えて軽く混ぜる。豚肉、きのこを加えて炊飯する。

3　器に盛り、みょうがをのせる。

きのこを数種類入れることで香りもうまみも倍増！

少ない具材でシンプル炊き込みごはん

あっさりとした味つけで、素材の味を楽しめる炊き込みごはんを紹介します。

食材を切る手間いらず
ミニトマトの炊き込みごはん

調理時間 **1分** ＋炊飯時間

材料（作りやすい分量）

米 … 2合
ミニトマト … 12個
A│オリーブオイル … 大さじ1
　│塩 … 小さじ1
粗びき黒こしょう、粉チーズ … 各適量

作り方

1. 米は洗って水気をきる。
2. 炊飯釜に米、Aを入れ、2合の目盛りまで水を加えて軽く混ぜる。ミニトマトを加えて炊飯する。
3. 炊き上がったらトマトをつぶすようにざっくりと混ぜ、器に盛る。粉チーズ、黒こしょうをふる。

PART 4 炊き込みごはん
シンプル炊き込みごはん

加熱されたミニトマトが甘い！
ピラフのような洋風の仕上がり

桜えびと削り節のうまみで
玉ねぎと桜えびの炊き込みごはん

調理時間 **2分** ＋炊飯時間

材料（作りやすい分量）

- 米 … 2合
- 玉ねぎ … 2個（300g）
- 桜えび … 10g
- 削り節 … 3g
- A ｜ 酒、みりん … 各大さじ1
  ｜ 塩 … 小さじ1

作り方

1. 米は洗って水気をきる。玉ねぎはくし形切りにする。
2. 炊飯釜に米、Aを入れ、2合の目盛りまで水を加えて軽く混ぜる。玉ねぎ、桜えび、削り節を加えて炊飯する。

しんなり玉ねぎが美味。
やや大きめに切るのがポイント

PART 4 炊き込みごはん

シンプル炊き込みごはん

PART 4 炊き込みごはん
シンプル炊き込みごはん

さつまいもは粗めにくずして
ほっくり感を味わって

バター×塩昆布でやみつき味に

くずしさつまいもと塩昆布の炊き込みごはん

調理時間 **1分** ＋炊飯時間

材料（作りやすい分量）

米 … 2合
さつまいも
　… 1本（約200g）
A｜酒 … 大さじ1
　｜塩 … 小さじ1/2
塩昆布 … 20g
バター … 10g

作り方

1　米は洗って水気をきる。

2　炊飯釜に米、Aを入れ、2合の目盛りまで水を加えて軽く混ぜる。さつまいも丸ごと、塩昆布、バターを加えて炊飯する。

3　炊き上がったら、さつまいもをくずすように混ぜる。

歯ごたえのあるたこに
にんにくがガツンと香る

仕上げのレモン汁でさっぱりと
たこのガーリックライス

調理時間 **2分** ＋炊飯時間

材料（作りやすい分量）

米 … 2合
たこ … 150g
玉ねぎ … 1/4個
A｜ しょうゆ … 大さじ2
　　オリーブオイル
　　　… 大さじ1
　　おろしにんにく
　　　… 小さじ1
塩、粗びき黒こしょう、
　レモン汁 … 各適量

作り方

1. 米は洗って水気をきる。玉ねぎはみじん切りに、たこはぶつ切りにする。

2. 炊飯釜に米、Aを入れ、2合の目盛りまで水を加えて軽く混ぜる。たこ、玉ねぎを加えて炊飯する。

3. 炊き上がったら塩で味を調え、器に盛る。黒こしょうをふり、レモン汁をかける。

PART 4 炊き込みごはん
シンプル炊き込みごはん

ゆずこしょうが隠し味

あさりと長ねぎの炊き込みごはん

調理時間 2分 +炊飯時間

材料（作りやすい分量）

米 … 2合
冷凍あさり … 100g
長ねぎ … 1本
A ┃ 酒 … 大さじ1
　┃ ゆずこしょう、塩
　┃ 　… 各小さじ1/2

作り方

1. 米は洗って水気をきる。長ねぎはぶつ切りにする。
2. 炊飯釜に米、Aを入れ、2合の目盛りまで水を加えて軽く混ぜる。あさり、長ねぎを加えて炊飯する。

冷凍あさりを使って

あさりから出ただしを吸ったねぎがトロトロ！

気分が上がる！
ごちそう具だくさん

みたいな
おにぎり

みんな大好き、おにぎり。具材と味つけを変えれば
アレンジは無限大！ボリュームもあって味わい豊かな
ごちそう感満載のレシピを紹介します。

冷凍かぼちゃを使って

調理時間 5分

調理時間 3分

甘じょっぱさが絶妙
かぼちゃベーコン おにぎり

材料（作りやすい分量）

ごはん … 250g
冷凍かぼちゃ … 150g
ベーコン … 2枚
A｜マヨネーズ … 大さじ1
　｜練りからし … 小さじ1/2

作り方

1. ベーコンは1cm幅に切る。
2. 耐熱容器に1、かぼちゃを入れてラップをかけ、電子レンジで3分加熱する。
3. ボウルにごはん、2、Aを入れてかぼちゃを切るように混ぜる。好みの大きさに握る。

ピーマンのほろ苦さがいい
ピーマンじゃこ おにぎり

材料（作りやすい分量）

ごはん … 300g
ピーマン … 2個
ちりめんじゃこ … 20g
麺つゆ … 大さじ1
韓国のり … 8枚

作り方

1. ピーマンは角切りにする。
2. 耐熱容器に1、ちりめんじゃこ、麺つゆを入れてラップをかけ、電子レンジで1分加熱する。
3. ボウルにごはん、2、ちぎったのりを入れて混ぜる。好みの大きさに握る。

さけフレーク・冷凍枝豆を使って

調理時間 3分

市販のミートボール・冷凍ブロッコリーを使って

調理時間 4分

さけフレークで手軽に
さけとクリームチーズのおにぎり

材料（作りやすい分量）

ごはん … 300g
さけフレーク … 50g
クリームチーズ … 50g
冷凍枝豆 … 正味50g

作り方

1. 耐熱皿に枝豆を広げ、ラップをかけてレンジで1分ほど加熱し、さやから出す。

2. ボウルにごはん、さけフレーク、手でちぎったクリームチーズ、1を入れて混ぜる。好みの大きさに握る。

ミートボールでわんぱくに
ミートボールとブロッコリーのおにぎり

材料（作りやすい分量）

ごはん … 250g
ミートボール（市販）… 120g
冷凍ブロッコリー … 80g
塩 … 少々

作り方

1. 耐熱容器にブロッコリーを入れてラップをかけ、電子レンジで2分加熱する。水気をきり、大きければ食べやすく切る。

2. ボウルにごはん、1、ミートボールをたれごと、塩を加えて混ぜる。好みの大きさに握る。

いわしの かば焼き缶 を使って

調理時間 3分

調理時間 2分

いわしは缶詰を使って
いわきゅうおにぎり

材料（作りやすい分量）

ごはん … 300g
いわしのかば焼き缶
　… 1缶（100g）
きゅうり … 1/2本
塩 … 少々
A ｜ 白いりごま … 大さじ1
　｜ おろししょうが … 小さじ1

作り方

1. きゅうりは薄い輪切りにし、塩もみして水気をきる。
2. ボウルにごはん、いわしのかば焼き缶、1、Aを入れ、いわしの身をほぐすように混ぜる。好みの大きさに握る。

赤と青のしそがあざやか
しば漬け
ツナマヨおにぎり

材料（作りやすい分量）

ごはん … 300g
ツナ缶（オイル漬け）… 30g
しば漬け … 70g
青じそ … 5枚
マヨネーズ … 大さじ2

作り方

ボウルにごはん、缶汁をきったツナ缶、しば漬け、ちぎった青じそ、マヨネーズを入れて混ぜる。好みの大きさに握る。

冷凍いんげんを使って

調理時間 4分

調理時間 5分

なめたけの甘辛さで絶品
梅なめたけ バター焼きおにぎり

材料（作りやすい分量）

ごはん … 300g
なめたけ … 50g
梅干し … 3個
バター … 10g

作り方

1. ボウルにごはん、なめたけ、種を除いてちぎった梅干しを入れて混ぜる。好みの大きさに握る。

2. フライパンを中火で熱してバターを入れる。溶けてきたら1を入れて両面をこんがりと焼く。

こんがりチーズがgood
たらこチーズの 焼きおにぎり

材料（作りやすい分量）

ごはん … 300g
冷凍いんげん … 50g
たらこ … 50g
ピザ用チーズ … 適量

作り方

1. 耐熱容器に食べやすく切ったいんげんを入れてラップをかけ、電子レンジで1分加熱する。

2. ボウルにごはん、1、たらこを入れてざっくりほぐしながら混ぜる。好みの大きさに握る。

3. 2にピザ用チーズをのせ、トースターで焼き色がつくまで焼く。

著者
佐々木のぞ美

フードコーディネーター、フードスタイリスト。製菓技術学校、フードコーディネーター養成スクールを卒業後、雑誌や書籍などの媒体で幅広く活躍。料理初心者でも作りやすい、アイデア満載のレシピを提案する。著書に『具材をギュッと詰めるだけ！ スタッフドブレッド』（マガジンランド）がある。

STAFF

撮影	奥村暢欣
調理アシスタント	吉田さおり　丸野友香
装丁・デザイン	棟保雅子
校正	有限会社加藤校正事務所
編集・執筆	阿部友良（A.I）、平井薫子
撮影協力	UTUWA
編集担当	尾形和華（成美堂出版編集部）

パパッと作れる毎日のひとりごはん

著　者　佐々木のぞ美
発行者　深見公子
発行所　成美堂出版
　　　　〒162-8445　東京都新宿区新小川町1-7
　　　　電話(03)5206-8151　FAX(03)5206-8159
印　刷　共同印刷株式会社

©SEIBIDO SHUPPAN 2025 PRINTED IN JAPAN
ISBN978-4-415-33545-2
落丁・乱丁などの不良本はお取り替えします
定価はカバーに表示してあります

- 本書および本書の付属物を無断で複写、複製（コピー）、引用することは著作権法上での例外を除き禁じられています。また代行業者等の第三者に依頼してスキャンやデジタル化することは、たとえ個人や家庭内の利用であっても一切認められておりません。